四川省食品安全条例

中国法制出版社

四川省食品安全条例
SICHUAN SHENG SHIPIN ANQUAN TIAOLI

经销/新华书店
印刷/保定市中画美凯印刷有限公司
开本/850 毫米×1168 毫米　32 开　　印张/2　字数/27 千
版次/2023 年 6 月第 1 版　　2023 年 6 月第 1 次印刷

中国法制出版社出版
书号 ISBN 978-7-5216-3640-6　　定价：8.00 元

北京市西城区西便门西里甲 16 号西便门办公区
邮政编码：100053　　传真：010-63141600
网址：http：//www.zgfzs.com　　编辑部电话：010-63141673
市场营销部电话：010-63141612　　印务部电话：010-63141606

（如有印装质量问题，请与本社印务部联系。）

目　　录

四川省第十四届人民代表大会常务委员会
公　告

第 5 号

《四川省食品安全条例》已由四川省第十四届人民代表大会常务委员会第三次会议于 2023 年 5 月 25 日通过，现予公布，自 2023 年 9 月 1 日起施行。

四川省人民代表大会常务委员会

2023 年 5 月 25 日

四川省食品安全条例

（2023 年 5 月 25 日四川省第十四届人民代表大会常务委员会第三次会议通过）

目　　录

第一章　总　　则

第一条　为了保证食品安全，保障公众身体健康和生命安全，根据《中华人民共和国食品安全法》（以下简称食品安全法）以及有关法律、行政法规，结合四川省实际，制定本条例。

第二条　四川省行政区域内食品生产和加工（以下称食品生产），食品销售和餐饮服务（以下称食品经营），食品添加剂、食品相关产品的生产经营，食品生产经营者使用食品添加剂、食品相关产品，食品的贮存和运输，以及对食品、食品添加剂、食品相关产品的安全管理，适用本条例。

食用农产品的市场销售、有关质量安全地方标准的制定和安全信息的公布遵守本条例的规定。

第三条　食品安全工作坚持人民至上、生命至上，应当把人民群众的生命安全和身体健康放在首位，实行预防为主、风险管理、全程控制、社会共治，建立科学、严格的监督管理制度。

食品安全工作实行管行业必须管食品安全、管生产经营必须管食品安全，强化和落实食品生产经营者主体责任与政府监管责任，建立生产经营者负责、政府监管、行业自律和社会监督的机制。

第四条 食品生产经营者应当对其生产经营食品的安全负责，依照法律、法规和食品安全标准从事生产经营活动，恪守职业道德，保证食品安全，诚信自律，对社会和公众负责，接受社会监督，承担社会责任。

第五条 县级以上地方人民政府对本行政区域的食品安全监督管理工作负责，建立统一的食品安全监督管理体制，健全全过程监督管理工作机制和信息共享机制，实行食品安全监督管理责任制，完善食品安全工作评议考核制度，将食品安全工作纳入本级国民经济和社会发展规划。食品安全工作所需经费列入本级人民政府财政预算。

第六条 县级以上地方人民政府设立食品安全委员会，履行下列职责：

（一）贯彻落实国家关于食品安全工作的重大方针政策，分析食品安全形势，研究制定食品安全规划和措施，部署食品安全工作；

（二）统筹协调指导本行政区域食品安全工作，督促本级人民政府有关部门和下级人民政府履行食品安全工作职责，落实食品安全属地管理责任；

（三）提出食品安全监督管理的重大政策措施，并督促落实；

（四）组织食品安全事故处置及责任调查处理；

（五）本级人民政府规定的其他职责。

县级以上地方人民政府食品安全委员会可以成立专家委员会，为有关决策、评估和执法提供专家意见。

第七条　县级以上地方人民政府有关部门依照法律法规和本级人民政府规定的职责，负责本行政区域食品安全监督管理有关工作：

（一）市场监督管理部门负责食品、食品添加剂、食品相关产品生产经营活动的监督管理，负责食用农产品进入批发、零售市场或者食品生产加工企业后的质量安全监督管理；

（二）农业农村主管部门负责食用农产品种植、养殖以及进入批发、零售市场或者食品生产加工企业前的质量安全监督管理；

（三）卫生健康主管部门负责餐具、饮具集中消毒服务单位的监督管理，组织相关部门开展食品安全风险监测；

（四）粮食和储备主管部门负责粮食收购、储存活动中粮食质量监督管理以及对粮食收购者、粮食储存企业销售出库食用用途粮食的质量监督管理。

县级以上地方人民政府发展和改革、教育、科技、民族和宗教、公安、民政、人力资源社会保障、生态环境、交通运输、商务、文化和旅游、城市管理综合行政执法等有关部门和单位，依照有关法律、行政法规和本条例规定，在各自职责范围内负责有关行业、领域的食品安全工作。对有关行业、领域的食品安全监督管理职责不明确的，由县级以上地方人民政府按照业务相近的原则确定监督管理部门。

第八条 乡镇人民政府和街道办事处应当建立完善食品安全工作机制，统筹协调食品安全工作，依法开展涉及食品安全的隐患排查、信息报告、宣传教育，支持和协助有关部门开展食品安全执法和突发事件处置等工作。

乡镇人民政府和街道办事处应当将食品安全工作纳入基层治理网格化服务管理体系，在村、社区建立专职或者兼职食品安全信息员（协管员）队伍，协助开展食品安全监督管理工作。

第九条 县级以上地方人民政府及其有关部门应当加强食品安全信息化建设，推进信息技术在食品安全领域的应用，推动实现食品安全信息归集、共享，提升监督管理工作信息化水平。

全省建立统一的食品溯源公共服务平台。

第十条 地方各级人民政府及其有关部门应当加强食品安全的宣传教育，普及食品安全知识，鼓励社会组织、基层群众性自治组织、食品生产经营者开展食品安全法律、法规以及食品安全标准和知识的普及工作，倡导推行分餐制和使用公筷公勺等健康饮食方式，增强消费者食品安全意识和自我保护能力。

各级各类学校应当将食品安全纳入安全教育内容。

新闻媒体应当开展食品安全法律、法规以及食品安全标准和知识的公益宣传，刊登、播放食品安全公益广告。

第十一条 食品行业协会应当加强行业自律，建立健全行业规范和奖惩机制，推进行业诚信建设，提高本行业食品安全水平。

消费者协会和其他消费者组织应当对危害食品安全的行为进行社会监督，依法维护消费者合法权益。

新闻媒体应当准确、客观报道食品安全问题，依法开展食品安全舆论监督。

鼓励志愿者组织协助或者参与食品安全宣传教育、社会监督等工作。

第十二条 任何组织或者个人有权向县级以上地方人民政府市场监督管理部门或者其他相关部门举报

食品安全违法行为。

县级以上地方人民政府市场监督管理部门或者其他相关部门收到举报后，应当依法及时处理并对举报人的信息予以保密，保护举报人的合法权益。举报内容经查证属实的，按照有关规定给予举报人奖励。对恶意举报非法牟利的行为，应当依法查处。

第十三条 鼓励社会资本依法有序进入食品安全专业化服务领域，构建多元化投入保障机制。

鼓励食品生产企业加强食品安全领域的科技创新，加大科研投入，加快科技成果转化应用。

第二章 食品生产经营

第一节 一般规定

第十四条 从事食品生产、食品销售、餐饮服务，应当依法取得许可。销售食用农产品和仅销售预包装食品的，不需要取得许可。仅销售预包装食品的，应当报所在地县级以上地方人民政府市场监督管理部门备案。

食品生产经营者应当按照许可范围从事食品生产经营活动，并按照规定在生产经营场所的显著位置公示其营业执照、许可或者备案证明、健康证明、食品安全承诺、监督检查结果、风险分级结果、食品安全管理人员等食品安全相关信息。

第十五条 食品生产经营者不得生产经营法律、法规禁止生产经营和不符合食品安全标准的食品、食品添加剂、食品相关产品。

向食品生产经营者、消费者销售食用用途粮食的，应当符合食品安全法律、法规和标准规定的条件和要求。

第十六条 食品生产经营者、网络食品交易第三方平台提供者、大型食品仓储企业、食品集中交易市场开办者、食品展销会举办者应当按照规定配备专职或者兼职食品安全管理人员。

提供食品贮存、运输服务的非食品生产经营者应当明确食品安全责任人。

食品生产经营企业应当定期对其食品安全管理人员进行培训和考核。经考核不具备食品安全管理能力的，不得上岗。

第十七条 从事接触直接入口食品工作的食品生产经营人员和从事餐具、饮具集中消毒的人员应当每年进行健康检查，取得健康证明后方可上岗工作。健康检查应当在符合规定的医疗卫生机构进行。健康证明在全省范围内有效。

承担食品从业人员健康检查的医疗卫生机构应当协助县级人民政府市场监督管理等部门核实健康证明信息。

第十八条 食品生产经营者应当按照食品安全国家标准使用食品添加剂，不得超范围、超限量使用食品添加剂。

食品生产经营者应当建立食品添加剂保管制度，指定专人保管，专柜或者专区存放，并显著标示。

食品生产者应当建立食品添加剂使用记录制度，如实记录使用食品添加剂的名称、使用量、使用日期等事项。记录保存期限不得少于产品保质期满后六个月；没有明确保质期的，保存期限不得少于二年。

餐饮服务提供者不得贮存、使用亚硝酸钠、亚硝酸钾等亚硝酸盐。

第十九条 食品销售场所的食品经营区域与非食品经营区域应当分开设置，食品与非食品不得混放销售。

销售保健食品、特殊医学用途配方食品和婴幼儿配方食品等特殊食品的，应当在销售场所设置专区或者专柜，不得与普通食品或者药品混放，并设置相关食品的提示牌。相关食品应当按照食品标签、说明书标注的贮藏方法存放。

销售保健食品的，应当在显著位置标注警示用语和消费提示信息。

第二十条 食品、食品添加剂生产者和从事批发业务的经营者向其他食品生产经营者销售食品、食品添加剂时，应当向购货者出具并保存销售凭证，如实记录食品的名称、规格、数量、生产日期或者生产批号、保质期、销售日期以及销售者和购货者名称、地址、联系方式等信息。

食品生产经营者采购食品、食品添加剂，应当索取并保存符合前款规定的销售凭证，保证食品、食品添加剂可追溯。

销售凭证保存期限不得少于产品保质期满后六个月；没有明确保质期的，保存期限不得少于二年。

第二十一条 食品经营者销售散装食品，应当设立专区或者专柜，并在散装食品的容器、外包装上标明食品的名称、生产日期或者生产批号、保质期以及生产者名称、食品生产许可或者备案编号、地址、联系方式等内容。标明的生产日期应当与出厂标注的生产日期一致；拆零销售的食品，原包装应当保存至销售完毕。

餐饮服务提供者销售自制的泡酒，应当在盛装容器上标注酒类生产经营者和泡制材料的名称、数量、泡制日期等信息。

散装白酒不得与工业酒精、醇基液体燃料等易误食物质在同一经营场所贮存、销售。

第二十二条 食品交易会和展销会的举办者应当提前三个工作日向举办地县级人民政府市场监督管理部门报告举办地点、举办时间、经营范围、经营规模、管理措施、举办者和食品经营者情况等信息。

食品交易会和展销会的举办者应当履行下列职责：

（一）建立食品安全管理制度；

（二）记录食品经营者的基本情况；

（三）及时发布食品安全管理信息和市场监督管理部门要求发布的信息；

（四）按照食品与非食品、生食与熟食、鲜活产品与其他食品、待加工食品与无包装的直接入口食品分开的原则，合理划定功能区域，分类设置摊位。

食品交易会和展销会的举办者发现入场食品经营者有违反食品安全管理规定的，应当及时制止并立即报告举办地的县级人民政府市场监督管理部门。

第二十三条 举办食品宣传推介活动不得作虚假或者误导消费者的宣传。

在食品经营场所外，以会议、讲座、健康咨询等方式举办线下食品宣传推介活动的，应当提前三个工作日告知举办地县级以上地方人民政府市场监督管理部门，并对宣传推介活动全程录像保存备查。

第二十四条 食品生产经营者应当建立食品安全自查制度，定期开展食品安全状况自查评价。生产经营条件发生变化，不再符合食品安全要求的，食品生产经营者应当立即采取整改措施；有发生食品安全事故潜在风险的，应当立即停止食品生产经营活动，并向所在地县级人民政府市场监督管理部门报告。食品安全风险等级被评定为高风险的食品生产经营者应当每季度将自查结果向所在地县级人民政府市场监督管理部门报告。

食品生产企业应当建立主要原料和食品供应商检查评价制度，定期对主要原料和食品供应商的食品安全状况进行检查评价或者实地查验，并建立检查评价记录制度，记录保存期限不得少于二年。发现存在严重食品安全问题的，应当立即停止采购，并向所在地县级人民政府市场监督管理部门报告。

第二十五条 食品生产经营者应当按照国家规定履行食品召回义务。召回食品应当制定召回计划，在规定时限内召回，并向食品生产经营者所在地市场监督管理部门报告，通过网络、报纸等媒体向社会公示；

市场监督管理部门可以组织有关人员对召回情况进行监督。

第二十六条 食品生产经营者应当建立临近保质期食品和食品添加剂管理制度，将临近保质期的食品和食品添加剂分类集中存放、集中陈列出售，并作出醒目提示。

食品生产经营者应当对已经变质或者超过保质期的食品、食品添加剂及时采取无害化处理、销毁等措施并如实记录。

禁止更改食品、食品添加剂的生产日期、保质期。

第二十七条 接受食品生产经营者委托贮存、运输食品的，应当查验食品生产经营者的许可或者备案证明、营业执照或者身份证件等材料并保存相关凭证，如实记录委托方和收货方的名称、地址、联系方式等内容。记录和凭证的保存期限不得少于贮存、运输结束后二年。

从事冷藏、冷冻食品贮存业务的非食品生产经营者，应当自取得营业执照之日起三十个工作日内向所在地县级人民政府市场监督管理部门备案，备案信息包括冷藏冷冻库名称、地址、贮存能力以及法定代表人或者负责人姓名、社会信用代码、联系方式等信息。县级人民政府市场监督管理部门应当及时将相关备案信息在政府网站公布。

第二十八条 食品配送服务者配送食品应当遵守下列规定：

（一）配送食品的包、箱等容器、设备应当安全、无害，符合保证食品安全所需的温度等特殊要求，并定期清洁、消毒；

（二）配送食品时应当采取防尘、防水、防虫等措施；

（三）法律、法规、规章规定的其他要求。

第二十九条 冷链食品生产经营者应当制定进口、生产、采购、贮存、运输、销售等环节的质量控制措施，配备与冷链食品生产经营所需温度、湿度等要求相适应的设施设备，按照相关标准和标签标识要求贮存、运输，并定期测定、记录冷链食品的冷藏、冷冻温度。

第三十条 禁止将废弃食用油脂作为食用油脂生产、销售或者使用。

食品生产经营者应当将废弃食用油脂、餐厨废弃物交由具备相应资质条件的单位进行收运和无害化处理，并建立交付台账，索取交付凭证，台账和凭证保存期限不得少于二年。

第二节 食用农产品市场销售

第三十一条 县级以上地方人民政府农业农村、市场监督管理等部门应当建立健全食用农产品产地准出和市场准入衔接机制、质量安全全程监督管理协作机制。

县级以上地方人民政府及其相关部门应当依法明确食用农产品集中交易市场开办者并向社会公告，推进食用农产品集中交易市场规范化建设。

第三十二条 进入集中交易市场销售食用农产品的，销售者应当提供社会信用代码或者身份证复印件，食用农产品承诺达标合格证或者其他合格证明。法律、行政法规对畜禽产品的质量安全合格证明另有规定的，应当按照有关规定执行。

无法提供社会信用代码或者身份证复印件的，不得入场销售。无法提供食用农产品承诺达标合格证或者其他合格证明的，集中交易市场开办者应当对食用农产品进行抽样检验或者快速检测，检验检测合格的，方可入场销售；但是个人销售其自产自销的少量食用农产品除外。

第三十三条 食用农产品集中交易市场开办者应当遵守下列规定：

（一）按照集中交易市场管理相关技术规范，对经营区域进行合理布局、划分；

（二）建立健全食品安全管理制度，配备与其经营规模相适应的专职或者兼职食品安全管理人员、专业技术人员；

（三）建立食用农产品检查制度，对销售者的销售环境和条件以及食用农产品质量安全状况进行检查；

（四）批发市场开办者与入场销售者签订食用农产品质量安全协议，明确双方食用农产品质量安全权利义务；

（五）建立入场销售者档案，如实记录销售者名称或者姓名、社会信用代码或者身份证号码、联系方式、住所，以及食用农产品主要品种、产地等信息，档案保存期限不得少于销售者停止销售后六个月；

（六）查验入场销售者的身份证明，食用农产品承诺达标合格证或者其他合格证明，并留存其复印件或者电子文档；

（七）发现食品安全违法行为或者存在食品安全突发事件潜在风险的，应当及时制止，并向所在地县级人民政府市场监督管理部门报告；

（八）建立食用农产品质量安全信息公示制度，在市场显著位置设置信息公示栏，公示食品安全管理制度、食品安全管理人员和专业技术人员、食用农产品检验检测结果、监督检查结果、风险分级结果、不合格食用农产品处理情况和投诉举报电话等信息；

（九）协助、配合市场监督管理、农业农村等部门开展食用农产品抽样检验，处理涉及本市场内食用农产品质量安全问题的投诉和违法行为；

（十）法律、法规和规章规定的其他义务。

第三十四条 食用农产品销售者对其销售的食用农产品质量安全负责，除应当履行食用农产品相关法律法规规定的义务外，还应当遵守下列规定：

（一）保持食用农产品存放环境安全、无毒、无害、清洁，不得将食用农产品与有毒、有害物品混放，不得在食用农产品包装、清洗、保鲜、贮存、运输等过程中添加可能危害人体健康的物质；

（二）按照规定查验食用农产品承诺达标合格证或者其他合格证明，不符合要求的，不得采购和销售；

（三）配合市场监督管理、农业农村等部门开展食用农产品抽样检验、溯源调查处理等工作。

鼓励食用农产品销售企业配备相应的检验设备和检验人员或者委托检验机构，对所销售的食用农产品进行抽样检验或者快速检测。

鼓励食用农产品销售企业与农产品生产企业、农民专业合作社等生产经营主体签订食用农产品质量安全合作协议。

第三十五条 在食用农产品贮存、运输过程中，禁止超范围、超限量使用保鲜剂、防腐剂等食品添加剂或者使用国家禁止使用的农药、兽药以及其他可能危害人体健康的物质。

食用农产品贮存、运输的受托方发现委托方涉嫌食品安全违法行为的，应当向食用农产品的贮存地、托运地、途经地或者卸货地的县级人民政府市场监督管理部门报告。

县级以上地方人民政府市场监督管理部门应当对食用农产品进入批发、零售市场或者食品生产加工企业后的贮存、运输进行监督检查；农业农村部门应当对食用农产品进入批发、零售市场或者食品生产加工企业前的贮存、运输进行监督检查。

第三节 餐 饮 服 务

第三十六条 餐饮服务提供者应当严格执行餐饮服务食品安全标准，保证食品原料、制作加工过程、经营场所、设备、设施、工具、餐具、饮具、容器、包装材料等符合规定。

餐饮服务提供者使用工业酒精、醇基液体燃料，应当对其着色警示，并使用有危险化学品标签标识容器贮存，严格管理，防止误饮。

餐饮服务提供者应当保障消费者对食品安全的知情权和监督权，鼓励采用明厨亮灶、视频显示或者网络展示等方式，将食品加工制作过程向消费者公开。

第三十七条 餐饮服务场所应当符合餐饮服务食品安全标准，选择与经营的食品相适应的地点并合理布局，保持场所环境清洁。场所、设施、设备应当定期清洁，必要时消毒。

从事加工制作、传菜等接触直接入口食品工作的从业人员应当保持个人卫生并佩戴口罩，遵守餐饮服务食品安全操作规范。

第三十八条 餐具、饮具集中消毒服务单位应当遵守下列规定：

（一）具备相应的作业场所、清洗消毒设备或者设施，餐具、饮具、洗涤剂、消毒剂、包装材料等应当符合国家标准及有关要求；

（二）已消毒和未消毒的餐具、饮具应当分开存放；

（三）已消毒的餐具、饮具经检验合格，符合食品安全标准后方可出厂，并随附消毒合格证明；

（四）独立包装上应当标注餐具、饮具集中消毒单位的名称、地址、联系电话、消毒日期及使用日期等内容；

（五）建立生产经营记录和物料采购验收记录，保存期限不得少于二年，其中出厂检验记录保存期限不得少于消毒餐具饮具使用期限到期后六个月；

（六）用水符合国家规定的生活饮用水卫生标准；

（七）法律、法规和食品安全标准规定的其他要求。

第三十九条 在餐饮服务场所以外举办群体性聚餐活动的，举办者、承办者和群体性聚餐专业加工服务者依法对聚餐活动的食品安全负责。

乡镇人民政府、街道办事处应当加强对群体性聚餐活动的管理、宣传教育，防止发生食品安全突发事件。

第四节 食品小作坊、小经营店及摊贩

第四十条 县级以上地方人民政府应当对食品小作坊、小经营店及摊贩进行综合治理，加强服务和统一规划，鼓励集中经营。

县级以上地方人民政府可以通过政策引导、资金扶持等措施，鼓励和支持食品小作坊、小经营店及摊贩改善生产经营条件和工艺技术，提高食品质量。

乡镇人民政府、街道办事处负责本行政区域内食品摊贩的信息统计与报告、食品安全隐患排查、宣传教育等工作，协助市场监督管理等部门做好食品小作坊、小经营店及摊贩的监督管理工作。

鼓励食品小作坊、小经营店及摊贩通过行业协会加强行业自律，推动行业诚信建设。

第四十一条 从事食品生产的小作坊应当取得食品小作坊生产许可。对从事食品经营的食品小经营店、食品摊贩实行备案管理，仅销售食用农产品的小经营店和摊贩，不需要备案。许可和备案不收取费用。

食品小作坊、小经营店具体认定标准，食品小作坊、小经营店及摊贩许可和备案管理办法，许可证、备案证式样由省人民政府市场监督管理部门制定并向社会公布。

第四十二条 食品小作坊应当具备下列条件：

（一）具有与生产加工的食品品种、数量相适应的生产加工场所，环境整洁，并与有毒、有害场所以及其他污染源保持规定的距离；

（二）具有与生产加工的食品品种、数量相适应的生产设备、设施以及消毒、防腐、防尘、防蝇、防鼠、防虫、洗涤等卫生防护设施；

（三）具有合理的设备布局和工艺流程，防止待加工食品与直接入口食品、原料与成品交叉污染，避免食品接触有毒物、不洁物；

（四）具有食品安全管理人员和健全的食品安全管理制度；

（五）法律、法规规定的其他要求。

第四十三条 申请食品小作坊生产许可证的，应当在从事生产经营活动前向生产所在地县级人民政府市场监督管理部门提交下列材料：

（一）申请书；

（二）申请人的身份证复印件及联系方式；

（三）营业执照复印件；

（四）从事接触直接入口食品工作的人员的健康证明；

（五）生产的主要食品类别和业态；

（六）生产经营场所平面图以及生产工艺、流程说明。

第四十四条 生产的食品未列入小作坊重点监管食品目录的，县级人民政府市场监督管理部门应当自收到食品小作坊生产许可申请之日起三个工作日内完成形式审查。符合条件的，予以许可，颁发食品小作坊生产许可证；不符合条件的，不予许可，并书面说明理由。

生产的食品列入小作坊重点监管食品目录的，县级人民政府市场监督管理部门应当对其进行现场核查，在收到食品小作坊生产许可申请之日起十个工作日内完成审查。符合条件的，予以许可，颁发食品小作坊生产许可证；不符合条件的，不予许可，并书面说明理由。

颁发许可证时，县级人民政府市场监督管理部门应当书面告知所从事食品生产经营的风险控制要点及注意事项。

小作坊重点监管食品目录由省人民政府市场监督管理部门在征求各市（州）人民政府市场监督管理部门意见的基础上制定，并向社会公布。

第四十五条 食品小经营店应当具备下列条件：

（一）具有与经营规模相适应的固定门店，并与有毒、有害场所和其他污染源保持规定的距离；

（二）各功能区合理布局，能有效防止食品存放、操作过程中产生交叉污染；

（三）配备有效的冷藏、洗涤、消毒、防尘、防蝇、防鼠、防虫设施，以及存放餐厨废弃物的容器或者设施；

（四）厨房操作间与就餐场所、卫生间有效隔离；

（五）具有食品安全管理人员；

（六）法律、法规规定的其他要求。

第四十六条 食品小经营店应当在从事经营活动前向所在地县级人民政府市场监督管理部门提交下列备案材料：

（一）备案表；

（二）备案人的身份证复印件及联系方式；

（三）营业执照复印件；

（四）从事接触直接入口食品工作的人员的健康证明；

（五）经营主体业态和经营项目。

县级人民政府市场监督管理部门收到备案材料后，应当向食品小经营店发放备案证并书面告知从事食品经营的风险控制要点及注意事项。

第四十七条 食品摊贩经营者应当到经营所在地的乡镇人民政府或者街道办事处备案，并提交身份证明、住所、联系方式、健康证明等材料。

收到备案材料后，乡镇人民政府、街道办事处应当向食品摊贩颁发备案证，并将备案信息告知市场监督管理部门和城市管理部门。

第四十八条 食品小作坊生产许可证有效期为五年。有效期届满，需要继续生产经营的，应当在有效期届满前三十日向原发证机关提出申请。

食品小作坊、小经营店生产经营的主要食品类别、主体业态或者经营项目发生变更时，应当自变更之日起十个工作日内向原发证机关提出申请，符合条件的，原发证机关应当依法办理变更手续。

食品小作坊、小经营店终止生产经营的，应当自终止生产经营之日起三十日内向原发证机关申请注销许可证或者备案证。

第四十九条 有下列情形之一，食品小作坊、小经营店未按规定申请办理注销手续的，县级人民政府市场监督管理部门应当依法注销食品小作坊、小经营店生产经营许可证或者备案证并进行公告：

（一）生产许可有效期届满未申请延续的；

（二）食品小作坊、小经营店主体资格依法终止的；

（三）生产许可依法被撤回、撤销或者生产许可证依法被吊销的；

（四）食品小作坊、小经营店终止生产经营的；

（五）因不可抗力导致无法实施生产经营的；

（六）法律法规规定的应当注销生产经营许可证或者备案证的其他情形。

第五十条 食品小作坊、小经营店及摊贩生产经营食品应当符合食品安全标准，并遵守下列规定：

（一）餐具、饮具和盛放直接入口食品的容器，使用前应当洗净、消毒，炊具、用具使用后应当洗净，保持清洁；

（二）贮存、运输和装卸食品的容器、工具和设备应当安全、无害，保持清洁，防止食品污染，并符合保证食品安全所需的温度、湿度等特殊要求，不得将食品与有毒、有害物品一同贮存、运输；

（三）直接入口的食品应当使用无毒、清洁的包装材料、餐具、饮具和容器；

（四）食品生产经营人员应当保持个人卫生，患有国务院卫生健康主管部门规定的有碍食品安全疾病的人员，不得从事接触直接入口食品的工作；

（五）用水应当符合国家规定的生活饮用水卫生标准；

（六）使用的洗涤剂、消毒剂应当对人体安全、无害；

（七）按照国家规定和标准存放、使用食品添加剂；

（八）生产经营的食品不得掺假掺杂、以次充好、以假充真；

（九）法律、法规规定的其他要求。

第五十一条 食品小作坊、小经营店及摊贩采购食品原料、食品添加剂、食品相关产品，应当查验供货者的许可或者备案证明、产品合格证明，索取销售凭证，并保存相关证明，相关证明的保存期限不得少于产品保质期满后六个月；没有明确保质期的，保存期限不得少于二年。

第五十二条 食品小作坊不得接受委托生产加工

或者分装食品，不得生产加工食品添加剂。

食品小作坊不得生产加工下列食品：

（一）保健食品，特殊医学用途配方食品和婴幼儿配方食品等特殊膳食用食品；

（二）采用传统酿制工艺以外的其他方法生产的酒类、酱油和醋；

（三）国家和省禁止生产加工的其他食品。

食品小经营店及摊贩不得经营婴幼儿配方食品、特殊医学用途配方食品、裱花蛋糕、生食水产品等高风险食品。

第五十三条 食品小作坊生产加工的食品应当有包装和标签，标明食品名称、成分表或者配料表、生产日期、保质期、贮存条件以及小作坊的名称、生产地址、联系方式、许可证编号等信息。标签内容应当清楚、明显，生产日期、保质期等事项应当显著标注，容易辨识。

第五十四条 食品摊贩从事食品经营，应当符合食品安全要求，具有相应的工具、容器、工作台面和防雨、防尘、防蝇等设施。

第五十五条 对经形式审查获得许可证的食品小作坊以及获得备案证的小经营店，县级人民政府市场监督管理部门应当自颁证之日起三十日内，进行现场监督检查。监督检查结果不合格的，应当限期整改。

第五十六条 食品小作坊应当对新投产、停产超过三个月后重新生产或者改变生产工艺后生产的首批食品，委托有资质的检验机构进行检验，检验合格后方可生产、销售。检验报告的保存期限不得少于产品保质期满后六个月；没有明确保质期的，保存期限不得少于二年。

第五十七条 城市管理部门、乡镇人民政府、街道办事处应当按照相关规定，依法划定食品摊贩经营区域，明确经营时段和期限，并向社会公布。鼓励食品摊贩进入划定区域经营。

在不影响安全、交通、市容环保等情况下，城市管理部门、乡镇人民政府、街道办事处可以临时确定区域和时段供食品摊贩经营。

第五节　网络食品经营

第五十八条 从事网络食品经营的入网食品经营者、网络食品交易第三方平台提供者、入网服务提供者应当遵循自愿、平等、公平、诚信原则，遵守法律、法规、规章和商业道德，保证网络食品安全，接受政府和社会的监督。

网络食品经营监督管理应当坚持严守底线、线上线下一体化监管的原则。

第五十九条 入网食品经营者应当依法取得食品经营许可或者备案凭证。未取得食品经营许可或者备案的，不得从事网络食品经营活动。法律、法规规定不需要办理许可或者备案的除外。

从事网络食品经营的食品小作坊、小经营店，应当依照本条例规定取得食品小作坊生产许可证或者食品小经营店备案证。食品摊贩和食品安全风险等级被评定为高风险的食品小作坊、小经营店不得从事网络食品经营。

网络食品经营范围应当与其许可或者备案范围一致。

第六十条 入网食品经营者应当按照规定在自建网站或者网络食品交易第三方平台的首页显著位置或者经营活动主页面醒目位置，公示其营业执照、许可证或者备案证、食品安全风险等级等信息。相关信息应当完整、真实、清晰，发生变化的，应当在十日内更新。

第六十一条 住所地在本省的网络食品交易第三方平台提供者，应当在通信主管部门批准后三十个工作日内，向省人民政府市场监督管理部门备案。

住所地在本省外的网络食品交易第三方平台提供者，在本省设立分支机构的，应当在设立分支机构后三十个工作日内，向分支机构所在地县级人民政府市场监督管理部门备案。

通过自建网站交易的食品生产经营者应当在通信主管部门批准后三十个工作日内，按照规定向所在地设区的市级或者县级人民政府市场监督管理部门备案。

第六十二条 网络食品交易第三方平台提供者应当建立食品安全管理制度，履行下列管理责任：

（一）按照法律、法规、规章的规定明确入网食品经营者的准入标准和食品安全责任；

（二）对入网食品经营者进行实名登记；

（三）通过与监管部门的许可或者备案信息进行比对、现场核查等方式，对入网食品经营者的许可证件或者备案证明进行审查；

（四）对平台上的食品经营行为及信息进行检查，并公布检查结果；

（五）公示入网食品经营者的食品安全信用状况；

（六）及时制止入网食品经营者的食品安全违法行为，并向其所在地的县级人民政府市场监督管理部门报告；

（七）对平台上经营的食品进行抽样检验；

（八）法律、法规、规章规定的其他管理责任。

网络食品交易第三方平台提供者发现入网食品经

营者存在未经许可或者未备案从事食品经营、经营禁止生产经营的食品、发生食品安全事故等严重违法行为的，应当立即停止为其提供网络交易平台服务。

网络食品交易第三方平台提供者和通过自建网站交易食品的生产经营者应当依法记录、保存平台上发布的食品和服务信息、交易信息，并确保信息的完整性、准确性。

第六十三条 网络食品交易第三方平台提供者应当配合市场监督管理部门开展食品安全监督检查、食品安全案件调查处理、食品安全事故处置等工作，并按照市场监督管理部门的要求提供网络食品交易相关数据和信息。市场监督管理部门应当采取必要措施保护网络食品交易相关数据和信息的安全，并对其中的个人信息、隐私和商业秘密严格保密，不得泄露、出售或者非法向他人提供。

鼓励网络食品交易第三方平台提供者与市场监督管理部门建立开放数据接口等形式的自动化信息报送机制。

第六十四条 网络社交、网络直播等网络服务提供者为食品生产经营者提供网络经营场所、商品浏览、订单生成、在线支付等网络交易平台服务的，应当依法履行网络食品交易第三方平台提供者的义务。

通过网络社交、网络直播等网络服务方式向公众开展食品营销活动，不得实施混淆行为，所展示的食品应当是真实商品。

第六十五条 入网服务提供者应当自开展入网服务活动之日起三十日内向所在地县级人民政府市场监督管理部门备案，接受其监督管理。

入网服务提供者应当承担相应的食品安全责任，留存入网食品经营者的许可或者备案信息等资质证明文件，如实记录并及时更新入网食品经营者的名称、地址、联系方式等内容，配合市场监督管理部门查处网络食品经营违法行为。

入网服务提供者发现入网食品经营者有食品安全违法行为的，应当及时制止，并向所在地县级人民政府市场监督管理部门报告。

第六十六条 入网餐饮服务提供者配送食品应当遵守下列规定：

（一）盛放食品的容器、餐具、饮具和直接接触食品的包装材料应当符合食品安全标准和相关要求；

（二）使用封签或者一次性封口包装袋等方式对配送的食品进行封装；

（三）在容器、包装或者随附单据上，标注制作时间、保质期或者食用时间提示、经营者名称和联系方式等信息；

（四）提供具有保鲜、保温、冷藏或者冷冻等特殊要求食品的，应当采取保证食品安全的措施；

（五）法律、法规、规章规定的其他要求。

餐饮配送服务人员在接收时发现需配送的食品未按照规定封装或者封签、封口损坏的，有权拒绝配送。消费者在接收时发现配送的食品未按照规定封装或者封签、封口损坏的，有权拒绝签收。

鼓励高等院校、医院、写字楼等网络订餐较集中的场所为设置餐饮配送无接触存取设施提供便利。餐饮配送无接触存取设施应当定期清洁、消毒、维护。

第三章　食品安全保障

第一节　食品安全风险监测和食品安全标准

第六十七条　县级以上地方人民政府应当加强食品安全风险监测能力建设，建立完善食品安全风险监测体系。

设区的市级人民政府卫生健康主管部门应当会同同级市场监督管理、农业农村等部门，根据省食品安全风险监测方案，结合本行政区域的具体情况，制定、调整本行政区域的食品安全风险监测方案，报省人民政府卫生健康主管部门备案并实施。

第六十八条 食品安全风险监测工作人员有权进入相关食用农产品种植养殖、食品生产经营场所采集样品、收集相关数据。被采样单位应当配合开展样品采集、数据收集工作，不得隐瞒、拒绝或者阻挠。采集样品应当按照市场价格支付费用。

第六十九条 承担食品安全风险监测工作的部门和技术机构应当根据食品安全风险监测计划和方案开展监测工作，保证监测数据真实、准确。承担食品安全风险监测工作的部门应当将监测数据和分析结果报同级卫生健康主管部门。

第七十条 地方特色食品没有食品安全国家标准的，省人民政府卫生健康主管部门可以制定并公布食品安全地方标准。

制定食品安全地方标准应当充分考虑地方食品特点和传统饮食习惯，公开征集立项建议。食品安全地方标准草案应当向社会公布，广泛听取食品生产经营者、消费者、有关部门等方面的意见。鼓励研究机构、教育机构、学术团体、行业协会等单位参与制定、修订食品安全地方标准。任何组织和个人都有权向省人民政府卫生健康主管部门提出制定、修订食品安全地方标准的建议。

省人民政府卫生健康主管部门应当会同同级市场监督管理、农业农村等部门，对食品安全地方标准的执行情况进行跟踪评价，并根据评价结果及时修订食品安全地方标准。

第七十一条 县级以上地方人民政府卫生健康主管部门应当配合相关行业主管部门向食品生产经营者进行食品安全标准的宣传。

食品生产经营者、食品行业协会发现食品安全标准在执行中存在问题的，应当立即向所在地县级以上地方人民政府卫生健康主管部门报告，接到报告的卫生健康主管部门应当逐级上报至省人民政府卫生健康主管部门。

第七十二条 食品生产企业不得制定低于食品安全国家标准或者地方标准要求的企业标准。食品生产企业制定食品安全指标严于食品安全国家标准或者地方标准的企业标准的，应当报省人民政府卫生健康主管部门备案。具体办法由省人民政府卫生健康主管部门制定。

四川省食品安全企业标准制定和发布应当符合相关法律法规。食品生产企业制定企业标准的，应当公开，供公众免费查询。

第二节　食品检验

第七十三条　县级以上地方人民政府应当加强食品安全检验能力建设，整合食品检验资源，建立协调统一高效的食品安全检验体系；支持食品生产经营企业、农产品批发市场检验能力建设，加强对食品生产企业、农产品批发市场检验室建设的规范和指导。

支持高等院校、科研机构研究开发食品安全检验技术。鼓励食品生产加工者联合建立食品检验室，对生产、加工的食品进行检验。

第七十四条　县级以上地方人民政府市场监督管理部门应当制定本行政区域的食品安全年度抽样检验计划，对食品进行定期或者不定期的抽样检验，可以委托取得法定资质的食品检验机构进行食品抽样检验。食品安全年度抽样检验计划应当覆盖本行政区域内所有食品生产者。

委托食品检验机构开展食用农产品抽样检验的，应当有两名以上执法人员参与现场抽样。

第七十五条　抽样人员应当保存或者记录被抽样食品生产经营者的营业执照、许可证、进货凭证等可追溯信息，并对抽样场所、贮存环境、样品信息等通过拍照或者录像等方式留存证据。

抽样人员发现食品生产经营者涉嫌违法、生产经营的食品及原料没有合法来源或者无正当理由拒绝接受食品安全抽样的，应当报告有管辖权的市场监督管理部门进行处理。

第七十六条 县级以上地方人民政府市场监督管理部门收到监督抽检不合格检验结论后，应当及时进行核查处置，并且依法向社会公开食品安全监督抽检结果和不合格食品核查处置的相关信息。任何单位和个人不得擅自发布、泄露。

县级以上地方人民政府市场监督管理部门实施监督抽检发现的不合格食用农产品，产地在本省的，应当在收到不合格检验结论后五个工作日内，将抽样检验结论以及相关可追溯信息向产地同级市场监督管理、农业农村部门通报。

第七十七条 食品检验机构接受生产经营者或者消费者委托对食品、食品添加剂、食品相关产品进行检验时，发现存在添加违禁物质等食品安全问题时，应当及时向生产经营者所在地县级以上地方人民政府市场监督管理部门报告。

第七十八条 食品生产者应当按照食品安全标准对所生产的食品进行检验，检验合格后方可出厂或者销售。食品生产企业可以自行对所生产的食品进行检验，也可以委托具有法定资质的食品检验机构进行检验。食品生产者对样品的真实性负责，检验机构和检验人对检验结果的真实性负责。

食品生产企业应当建立出厂产品留样制度，对出厂的所有批次产品留存样品。

粮食经营者向食品生产经营者、消费者销售食用用途粮食时，应当按照食品安全标准及有关规定进行检验并出具检验报告，销售的食用用途粮食应当与检验报告相一致，检验报告随货同行。

第七十九条 省人民政府市场监督管理部门建立健全食品快速检测结果验证机制，组织对食品快速检测结果进行实验室验证，验证结果及时上传国家食品安全抽样检验信息系统，对食品快速检测结果的准确率进行动态排名。

第三节 食品追溯

第八十条 全省建立统一的食品安全追溯制度，保证食品来源可溯、去向可追，实现食品安全全程监管。

省人民政府市场监督管理部门应当会同同级农业农村、粮食和储备等部门建立本省食品安全全程追溯协作机制，实现信息共享。

第八十一条 食品生产经营者应当保障食品可追

溯。鼓励食品生产经营者采用电子化、信息化手段，保存、管理溯源凭证和信息。

食品生产经营企业应当记录和保存进货、生产、加工、包装、运输、贮存、销售、检验、召回和停止经营等信息，记录信息应当真实、准确、完整。

第八十二条　省人民政府市场监督管理部门应当会同同级农业农村、粮食和储备等部门建立全省统一的食品溯源公共服务平台，推动溯源信息资源稳妥有序向社会开放，制定食品电子追溯标准和规范，明确食品溯源公共服务平台重点监管品种并实行动态调整，及时向社会公布。

第八十三条　生产经营纳入食品溯源公共服务平台重点监管品种食品的企业，应当按照食品电子追溯标准和规范，建立完善企业内部电子追溯体系，并向省食品溯源公共服务平台对接或者上传相关数据。

对接或者上传的数据符合食品电子追溯标准和规范要求的，可以作为已经履行进货查验记录的凭证。

食品溯源公共服务平台重点监管品种食品目录由省市场监督管理部门会同同级农业农村、粮食和储备等部门共同制定。

第八十四条　食品生产经营者、集中交易市场开办者、网络食品交易第三方平台提供者、食品检验机构以及提供食品贮存、运输服务的经营者等应当配合市场监督管理、农业农村等部门查阅、调取溯源信息，不得推诿拒绝。

第四章　监督管理

第八十五条　县级以上地方人民政府应当建立健全食品安全监督管理责任体系，合理确定考核目标，量化考核标准，加强对下级人民政府和本级人民政府所属的具有食品安全监督管理职责的部门的年度评议考核。

省人民政府市场监督管理部门应当建立健全食品安全制度化监管规则，制定食品安全主体责任清单和监督检查事项清单，并向社会公开，明确监管主体、监管对象、监管措施、设定依据、处理方式等内容，提升监管规范化、标准化水平。

第八十六条　县级以上地方人民政府应当依托现有资源加强食品安全监管执法能力、食品安全职业化检查员队伍建设，强化培训考核，提高食品安全监管专业化水平。

地方各级人民政府可以通过政府购买服务的方式，引入社会力量协助加强食品安全监督管理。

县级以上地方人民政府承担食品安全行政执法职责的部门，应当加强食品安全风险隐患排查、食品监督抽检等工作，提高食品安全执法水平。

第八十七条 县级以上地方人民政府市场监督管理部门应当加强对食品生产经营者建立并执行食品安全管理制度以及开展食品安全知识培训、考核工作的指导和监督。

县级以上地方人民政府市场监督管理部门应当对食品安全管理人员、食品安全责任人随机进行监督抽查考核并公布考核情况，监督抽查考核不得收费。

食品安全监督抽查考核制度由省人民政府市场监督管理部门制定并组织实施。

鼓励食品安全管理人员参加食品安全职业技能培训、考核。

第八十八条 县级以上地方人民政府市场监督管理部门应当加强对食品、食品添加剂、食用农产品以及食品相关产品标签标识、销售凭证的管理。

省人民政府市场监督管理部门应当建立散装食品销售标签标识、食用农产品销售标签标识、特殊食品销售警示标识、销售凭证等规范，并向社会公示。

第八十九条 县级以上地方人民政府市场监督管理部门对食品生产经营者、集中交易市场开办者、网络食品交易第三方平台提供者、提供食品贮存服务的经营者等实施食品安全风险分级管理，根据其食品类别、业态规模、风险控制能力、信用状况、监督检查等情况，评定食品安全风险等级，对风险高的实施重点监督管理。

食品安全风险等级从低到高分为低风险、中风险、较高风险、高风险四个等级。

县级以上地方人民政府市场监督管理部门对食品生产经营者开展首次现场监督检查，应当覆盖全部监督检查要点，并评定风险等级。

第九十条 县级以上地方人民政府市场监督管理、教育、民政、城市管理综合行政执法等部门，应当加强对学校、托幼机构及周边、养老机构、食品集中交易市场、城乡结合部等重点场所和区域的食品安全监督管理，及时查处违法经营行为。

县级以上地方人民政府市场监督管理部门应当加强对预制菜生产、运输、贮存、销售、加工等环节的全链条监管，具体监管办法由省人民政府市场监督管理部门制定。

县级以上地方人民政府市场监督管理部门应当会同同级卫生健康等部门，加强对医疗机构等单位经营使用特殊医学用途配方食品的监督、指导和管理。

第九十一条 食品生产经营者、网络食品交易第三方平台提供者、集中交易市场开办者、食品贮存和运输服务提供者、食品配送服务提供者等有下列情形之一的，县级以上地方人民政府市场监督管理部门可以对其法定代表人或者主要负责人进行责任约谈：

（一）发生食品安全问题，可能引发食品安全风险蔓延的；

（二）未及时妥善处理投诉举报的食品安全问题，造成社会影响的；

（三）未及时采取有效措施排查、消除食品安全隐患，落实食品安全责任的；

（四）配备的食品安全管理人员未履行相应义务的；

（五）未按照本条例规定进行贮存、运输食品，经责令改正后，拒不改正的；

（六）未按本条例要求落实出具、索取、保存销售凭证，向省食品溯源公共服务平台对接或者上传相关数据等追溯责任的；

（七）市场监督管理部门认为需要进行责任约谈的其他情形。

入网服务提供者未按照本条例规定履行相关义务的，县级以上地方人民政府市场监督管理部门可以对其法定代表人或者主要负责人进行责任约谈。

被约谈者无正当理由拒不参加约谈或者未按照要求落实整改的，县级以上地方人民政府市场监督管理部门应当将其列为重点监督管理对象，增加监督检查频次。

责任约谈情况和整改情况应当纳入食品安全信用档案。

第九十二条　省人民政府推进全省食品安全信用体系建设，建立联合激励惩戒机制。

县级以上地方人民政府市场监督管理部门应当建立食品生产经营者、集中交易市场开办者、网络食品交易第三方平台提供者等主体的食品安全信用档案，如实记录并实时更新许可状态、日常监督检查结果、违法行为查处等情况，依法向社会公布，并将食品安全信用档案信息作为日常监管、风险管理的重要参考。

学校、托幼机构、养老机构等重点集中用餐单位在食品和服务招标采购活动中，不得向列入严重违法失信名单的食品生产经营者采购食品、服务或发包食堂经营或委托其生产。

第九十三条　省人民政府市场监督管理部门应当建立食品生产经营许可备案在线服务平台，推行许可备案网上办理和电子证书的发放、使用；推行“多证合一”，将备案事项整合到营业执照，切实提高办理时效。完善食品生产经营许可备案数据库，按照有关规定向社会公开，供公众查询。

县级以上地方人民政府统筹建立完善食品安全监督管理信息集中统一发布机制，整合信息发布平台，组织相关部门依法向社会公开食品安全监管信息，但依法不予公开的信息除外。

第九十四条 县级以上地方人民政府市场监督管理、农业农村等部门应当与公安机关、人民检察院、人民法院加强沟通协调，建立食品安全行政执法与刑事司法相衔接的制度，健全线索通报、案情通报、案件移送、信息共享等工作制度，依照法律规定明确、细化食品安全领域涉嫌犯罪案件的移送标准、程序和证据要求，协调、支持食品安全违法犯罪查处工作。

第九十五条 省人民政府市场监督管理部门应当建立全省食品安全行政执法跨区域协调机制，推进食品安全违法线索证据、执法标准、处理结果的互通互认。

县级以上地方人民政府市场监督管理部门应当加强跨区域食品安全执法协作，发现网络食品交易平台、异地仓库等跨区域经营主体有食品安全违法行为且不属于本部门管辖范围的，应当依法及时将案件或者线索移送至有管辖权的部门，有管辖权的部门应当及时对移送案件或者线索进行核查处理。

第五章　法律责任

第九十六条　违反本条例规定的行为，法律、行政法规已有法律责任规定的，从其规定。

第九十七条　违反本条例规定，有下列情形之一的，由县级以上地方人民政府市场监督管理部门责令改正，给予警告；拒不改正的，处五千元以上五万元以下罚款；情节严重的，责令停产停业，直至吊销许可证：

（一）食品生产经营企业未建立食品安全自查制度并定期开展食品安全状况自查评价，或者未按规定报告自查结果；

（二）食品生产者未按规定记录并保存使用食品添加剂的名称、使用量、使用日期等事项；

（三）食品生产企业、食品添加剂生产者和从事批发业务的经营企业向其他食品生产经营者销售食品、食品添加剂时，未向购货者出具销售凭证或者出具的销售凭证载明的信息不符合本条例规定；

（四）餐饮服务提供者未按照食品安全标准要求，保持餐饮服务场所环境清洁；

（五）餐饮服务提供者贮存亚硝酸钠、亚硝酸钾等亚硝酸盐；

（六）餐饮服务提供者使用不符合食品安全标准的餐具、饮具、容器和包装材料，或者使用超过使用期的集中消毒餐具、饮具；

（七）餐饮服务提供者使用工业酒精、醇基液体燃料，未着色警示，或者未按本条例规定对储存容器进行标识；

（八）生产经营纳入食品溯源公共服务平台重点监管品种食品的企业，未按规定对接上传数据的，或者对接上传虚假数据的。

食品小作坊、小经营店违反本条例规定，有本条第一款情形之一的，由县级人民政府市场监督管理部门责令改正，给予警告；拒不改正的，处五百元以上五千元以下罚款，情节严重的，责令停产停业，直至吊销许可证、注销备案证。

第九十八条 食品配送服务者违反本条例第二十八条规定的，由县级以上地方人民政府市场监督管理部门责令改正，给予警告；拒不改正的，处一万元以上五万元以下罚款；情节严重的，责令停产停业。

第九十九条 食品交易会和展销会的举办者违反本条例第二十二条第二款规定的，由县级人民政府市场监督管理部门责令限期改正，给予警告；逾期不改正的，并处五千元以上五万元以下罚款。

第一百条 违反本条例第二十三条第二款规定的，由县级人民政府市场监督管理部门给予警告，并处五千元以上五万元以下罚款。

第一百零一条 违反本条例规定，食品小作坊未按规定取得食品小作坊生产许可的、食品小经营店未按规定备案的，由县级人民政府市场监督管理部门责令改正，给予警告；拒不改正的，对食品小作坊、小经营店处一千元以上一万元以下罚款。

违反本条例规定，食品摊贩未按规定备案的，由乡镇人民政府或者街道办事处责令改正，给予警告；拒不改正的，处五十元以上五百元以下罚款。

违反本条例规定，食品小作坊、小经营店转让、出租、出借、伪造、涂改许可证或者备案证的，由县级人民政府市场监督管理部门对食品小作坊、小经营店处一千元以上一万元以下罚款。

第一百零二条 食品小作坊、小经营店及摊贩违反本条例第五十条规定的，由县级人民政府市场监督管理部门责令改正，给予警告；拒不改正的，对食品小作坊、小经营店处五百元以上五千元以下罚款，对食品摊贩处二百元以上二千元以下罚款；情节严重的，由县级人民政府市场监督管理部门吊销许可证、注销备案证或者由乡镇人民政府、街道办事处注销备案证。

第一百零三条 食品小作坊、小经营店及摊贩在食品生产经营中，违反食品安全法第三十四条第一项、第七项、第八项、第十二项和第三十八条规定的，由县级人民政府市场监督管理部门没收违法所得和违法生产经营的食品，并可以没收用于违法生产经营的工具、设备、原料等物品；违法生产经营的食品货值金额不足五千元的，并处二万元以上五万元以下罚款；货值金额五千元以上的，并处货值金额十倍以上二十倍以下罚款；情节严重的，由县级人民政府市场监督管理部门吊销许可证、注销备案证或者由乡镇人民政府、街道办事处注销备案证，食品生产经营者、直接负责的主管人员和直接责任人员五年内不得从事食品生产经营工作。

第一百零四条 食品小作坊、小经营店及摊贩在食品生产经营中，违反食品安全法第三十四条第二项、第三项、第四项、第六项、第十项规定的，由县级人民政府市场监督管理部门责令改正，给予警告，并处五百元以上五千元以下罚款，可以没收违法生产经营的食品；拒不改正的，处五千元以上三万元以下罚款，没收违法生产经营的食品；情节严重的，由县级人民政府市场监督管理部门吊销许可证、注销备案证或者由乡镇人民政府、街道办事处注销备案证，食品生产经营者、直接负责的主管人员和直接责任人员五年内不得从事食品生产经营工作。

第一百零五条 食品小作坊、小经营店及摊贩违反本条例第五十一条、第五十六条规定的，由县级人民政府市场监督管理部门责令改正，给予警告；逾期不改正的，对食品小作坊、小经营店处五百元以上三千元以下罚款，对食品摊贩处一百元以上一千元以下罚款。

第一百零六条 食品小作坊、小经营店及摊贩违反本条例第五十二条规定的，由县级人民政府市场监督管理部门责令改正，没收违法生产经营的食品，对食品小作坊并处一万元以上五万元以下罚款，对食品小经营店并处二千元以上一万元以下罚款，对食品摊贩并处三百元以上二千元以下罚款；情节严重的，由县级人民政府市场监督管理部门吊销许可证、注销备案证或者由乡镇人民政府、街道办事处注销备案证。

第一百零七条 食品小作坊违反本条例第五十三条规定的，由县级人民政府市场监督管理部门责令改正，给予警告；逾期不改正的，处三百元以上三千元以下罚款。

第一百零八条 负有食品安全监督管理职责的行

政机关及其工作人员违反本条例规定，在履行职责过程中滥用职权、玩忽职守、徇私舞弊的，对负有责任的领导人员和直接责任人员依法给予处分；构成犯罪的，依法追究刑事责任。

第六章　附　　则

第一百零九条　本条例下列用语的含义：

食品，指各种供人食用或者饮用的成品和原料以及按照传统既是食品又是中药材的物品，但是不包括以治疗为目的的物品。

食品相关产品，指用于食品的包装材料、容器、洗涤剂、消毒剂和用于食品生产经营的工具、设备。

预制菜是指将一种或多种食材，经预加工或预烹调制成的成品或者半成品。

食品小作坊，是指有固定生产经营场所，生产经营规模小的个体食品生产加工者。

食品小经营店，是指有固定经营门店，销售食品或者提供餐饮服务，从业人员少、条件简单的个体食品经营者。

食品摊贩，是指无固定经营门店，销售食品或者提供餐饮服务的个体食品经营者。

食用农产品，是指在农业活动中获得的供人食用的植物、动物、微生物及其产品。农业活动，指传统的种植、养殖、采摘、捕捞等农业活动，以及设施农业、生物工程等现代农业活动。植物、动物、微生物及其产品，指在农业活动中直接获得的，以及经过分拣、去皮、剥壳、干燥、粉碎、清洗、切割、冷冻、打蜡、分级、包装等加工，但未改变其基本自然性状和化学性质的产品。食用农产品属于食品。

农产品集中交易市场，是指销售食用农产品的批发市场和零售市场（含农贸市场）。

食用农产品集中交易市场开办者，是指依法设立，为食用农产品交易提供平台、场地、设施、服务以及日常管理的企业法人或者其他组织。

群体性聚餐活动，是指在餐饮服务提供者经营场所以外的公共区域举办的群体性聚餐活动，包括农村集体聚餐、城区集体聚餐、涉及餐饮服务的大型公众聚集性活动等。

入网服务提供者，是指为网络食品交易第三方平台提供者或者食品生产经营者提供入网前指导、协助入网审查、食品和服务信息上传等入网服务的单位和个人。

粮食，是指原粮和成品粮，包括谷物、豆类、薯类等。原粮，是指未经加工的稻谷、豆类、薯类等。成品粮，是指原粮经机械等方式加工的初级产品，如大米、小麦粉等。

第一百一十条 利用车厢型餐车、自动制售机等设备从事食品经营活动的，应当依法取得许可或者备案。具体管理办法由省人民政府市场监督管理部门制定。

群体性聚餐专业加工服务者从事餐饮服务活动，参照适用本条例对食品摊贩的有关规定。

就餐人数在三十人以下的单位食堂参照适用本条例对食品小经营店的有关规定。

第一百一十一条 本条例自 2023 年 9 月 1 日起施行。2016 年 11 月 30 日四川省第十二届人民代表大会常务委员会第二十九次会议通过的《四川省食品小作坊、小经营店及摊贩管理条例》同时废止。

本条例施行前，食品小作坊、小经营店及摊贩已经取得备案证、登记卡的，在其有效期内继续有效。

关于《四川省食品安全条例（草案）》的说明

——2022年11月30日在四川省第十三届人民代表大会常务委员会第三十八次会议上

四川省市场监督管理局局长 陈 凯

四川省人大常委会：

按照有关法律规定和省人大常委会安排，受省政府委托，现就《四川省食品安全条例（草案）》（以下简称条例草案）有关起草情况作如下说明。

一、起草背景

习近平总书记高度重视食品安全工作，要求“用最严谨的标准、最严格的监管、最严厉的处罚、最严肃的问责，确保广大人民群众‘舌尖上的安全’”。2021年4月，《中华人民共和国食品安全法》进行了第二次修正；2022年9月，《中华人民共和国农产品质量安全法》进行了修订，相关上位法的修正和修订，充分体现了党和国家对食品安全的重视，以及牢守食品安全底线的决心。

近年来，全省食品安全形势稳中向好，但仍存在一些问题，亟需通过地方立法予以规范。一是食品安全工作专业性强、关联性广、地域性突出，需要结合我省实际对《中华人民共和国食品安全法》进行细化补充，解决现实操作难点。二是发展中涌现一些新情况，“三小”食品入网、网络食品经营、食品追溯等都迫切需要从地方立法层面予以规范。三是近年来我省食品安全工作形成了不少经验做法，需要及时总结并上升为地方性法规。出台《四川省食品安全条例》既是贯彻党中央国务院部署的有力措施，也符合我省实际工作需要。

二、起草过程

按立法计划，我局于 2021 年正式启动条例草案起草工作。在省人大教科文卫委指导下，我局会同司法厅严格按照立法程序，经过学习调研、反复论证，认真吸收先进地区工作经验，形成条例草案征求意见稿，多次召开座谈会、研讨会、听证会，在认真采纳各方意见基础上，修改完善后形成条例草案送审稿。11 月 22 日，省人民政府第 115 次常务会议审议通过了条例草案送审稿。

三、主要内容

条例草案共 6 章 108 条，主要内容如下：

第一章为总则。主要包括立法目的及依据、适用范围、工作原则、细化各方责任、食品安全监管信息化、社会共治等内容。

第二章为食品生产经营。主要包括一般规定、食用农产品市场销售、餐饮服务、食品小作坊、小经营店及摊贩、网络食品经营的监管等内容。

第三章为食品安全保障。主要包括食品安全风险监测和食品安全标准、食品检验、食品追溯等内容。

第四章为监督管理。主要包括食品安全管理责任制、监管能力建设、食品安全培训的抽查考核、责任约谈、信用管理、行刑衔接等内容。

第五章为法律责任。主要包括对未依法保障食品安全的制度或执行、对外从事餐饮配送服务、食品交易会和食品展销会的举办者、食品小作坊、小经营店及摊贩违反相关规定设置的法律责任等内容。

第六章为附则。主要包括名词解释、特殊主体的管理等内容。

四、特色亮点

条例草案深入贯彻习近平总书记关于食品安全工作重要指示精神，在落实国家法律精神和相关要求的同时，注重结合我省工作实际。

一是完善食品安全管理体制机制。明确食品安全管理的基本原则，压实食品安全“四方责任”（即：食品生产经营者主体责任、政府属地责任、部门监管责任、行业自律责任），并对各方责任进行了细化。鼓励发挥社会组织、基层群众性自治组织、行业组织、新闻媒体等社会力量的作用，促进食品安全社会共治。

二是规范食品生产经营过程控制。对食品生产经营应当公示的内容进行了细化，对食品交易会、展销会以及食品配送等新业态进行了规范；结合我省实际，对散装食品销售、临近和超过保质期食品的处理、食品贮存和运输者的查验义务、餐厨废弃物和废弃食用油脂的处理、防止误食醇基燃料等进行了细化。

三是强化对食用农产品市场销售活动和餐饮服务的监管。提出完善农产品质量安全全程监督管理协作机制，推进食用农产品集中交易市场规范化建设；对食用农产品集中交易市场开办者、食用农产品销售者、餐饮服务提供者及从业人员、餐具和饮具集中消毒服务单位等主体应当履行的食品安全责任进行了细化，解决健康证“办证难”问题，对群体性聚餐活动的食品安全责任进行了明确。

四是强化对网络食品经营的监管。明确网络食品经营的原则、准入要求、入网公示内容，对网络食品交易第三方平台提供者、自建网站交易食品的生产经营者、网络直播服务提供者、入网餐饮服务提供者等主体应当履行的食品安全义务进行了细化。结合我省实际，增设了入网服务提供者的食品安全管理责任和报告义务，明确了符合条件的食品小作坊、小经营店可以入网经营。

五是加强食品安全保障和食品安全监督管理。对食品安全风险监测、食品安全标准、食品检验等内容作了细化；明确了全省建立统一的食品溯源公共服务平台，归集共享重点监管品种溯源数据，解决追溯难问题；对食品安全的监管能力建设、重点监管内容、监管方式和手段等进行了明确；强化从业人员培训考核，解决不学法、不守法、不畏法问题；突出了食品安全风险分级管理和食品安全信用管理，推进食品安全行刑衔接和跨区域执法协作工作机制。

六是明确相应法律责任。在上位法基础上对相关法律责任进行了细化，吸纳和完善了《四川省食品小作坊、小经营店及摊贩管理条例》中法律责任的规定；明确对违法情节显著轻微且未造成危害后果的违法行为实行审慎包容监管。

五、需要特别说明的事项

2016 年 11 月，省人大常委会审议通过《四川省食品小作坊、小经营店及摊贩管理条例》，该条例规定对食品小作坊、小经营店实行备案管理，但实质是备案形式的许可管理。为此，条例草案将食品小作坊、小经营店由备案管理改为许可管理，但并未提高其准入门槛。同时，为实现一部法规“管总”效果，条例草案合并吸纳《四川省食品小作坊、小经营店及摊贩管理条例》，并对部分内容进行了优化，增设了依法注销食品小作坊、小经营店生产经营许可的规定。建议《四川省食品安全条例》生效后，《四川省食品小作坊、小经营店及摊贩管理条例》同时废止。

条例草案连同以上说明，请审议。